EDMOND ET JULES DE GONCOURT

LA RÉVOLUTION

DANS

LES MOEURS

LA FAMILLE. — LE MONDE.
LA VIEILLE FEMME. — LES JEUNES GENS. — LE MARIAGE.
LES DEMOISELLES A MARIER. — LES GENS RICHES.
LES LETTRES ET LES ARTS. — LA PUDEUR SOCIALE.
LE CATHOLICISME.

PARIS

E. DENTU, LIBRAIRE-ÉDITEUR

PALAIS-ROYAL, GALERIE VITRÉE, 13.

1854

26 Décembre 65.

Cher Monsieur

merci mille fois pour la bienveillance
de la Petite Revue à notre égard.

Croyez nous cordialement

vos bien obligés

E. J. de Goncourt

PRÉFACE.

Ce n'est pas de ses ennemis que la Société doit avoir peur : — c'est d'elle-même.

De la famille au dix-neuvième siècle.

La famille, c'est le faisceau des liens du sang dans la droite de la paternité. Là où la paternité, cette majesté du foyer, est armée de force et entourée de respect, la famille est une, indivisée, compacte. Là où la paternité n'est plus qu'un mot et une image, la famille est débandée, éparse, dissoute; et la communauté des intérêts, des sentiments, des traditions de la maison généralité a cessé d'exister.

Dans les sociétés antiques, le père est dictateur : il possède absolument ses enfants ; il en dispose absolument.

Dans les sociétés modernes, le père, successivement dépouillé de ses droits de barbarie et de tyrannie, le père n'est plus que roi, mais il est encore roi.

Ainsi, dans le siècle qui a précédé le nôtre, l'autorité paternelle, gouvernant l'enfant jusqu'à la majorité, régnait encore sur l'homme. Age, mariage, éloignement, rien ne relevait le fils de famille, affranchi plutôt que libre, de cette surveillance bienveillante, de cet appui conseiller, de cette tutelle amicale. De la *manumission*, il demeurait dans le fils un souvenir reconnaissant et l'instinct des soumissions. La parole du père était une parole grave écoutée dans le recueillement, et qui pesait même dans la balance des passions.

Le père était jaloux de cette religion qui l'entourait ; il l'exigeait en s'en montrant digne. Il comprenait que, si l'étiquette était la sauvegarde du trône, la dignité était la sauvegarde du foyer.

Dans la société actuelle, le père n'est plus qu'un monarque constitutionnel, lié sur son trône, salué par politesse, obéi par habitude, — dieu sans foudre, qu'on tolère à la place d'honneur !

Et si le père est si peu aujourd'hui, c'est non-seulement qu'il a été découronné, c'est encore qu'il s'est diminué lui-même. Le père a compromis la vénération qui lui était due en oubliant la vénération qu'il se devait. Il s'est fatigué de toujours mériter d'être honoré. Comme Noé, il a bu le vin de la vigne devant ses fils ; comme Noé, il a dormi son manteau ouvert ; et les fils, comme Cham, se sont mis à rire devant la nudité de leur père.

Aussi voyez maintenant où en sont les pères, et comme ces millions de clefs de voûte d'une société sont ébranlées et ruinées? Voyez comme les fils ont vite désappris de rougir et de trembler devant leurs pères ! Voyez quelle belle égalité ! et comme les pères sont devenus les amis des fils, en sorte que les fils sont devenus les camarades des pères ! Entendez le tutoiement de la Révolution, ce tutoiement des jeunes gens aux vieillards, ce tutoiement des enfants aux parents, et dites si cette paternité ainsi tutoyée par les fils ne ressemble pas à Louis XVI coiffé par le Vingt-Juin !

Ne faut-il pas aussi, de cet irrespect, attribuer un peu à la moderne institution de la jeunesse? L'instruction publique, qui a tué l'éducation, a précipité la libération des enfants. N'a-t-elle pas enlevé les enfants au giron ? Ne s'est-elle pas substituée aux parents dans la distribution des peines et des récompenses? N'a-t-elle pas éloigné l'enfant de la main du père pendant tout ce temps des premières impressions, où les habitudes révérencieuses s'impriment dans l'esprit pour n'en jamais sortir? L'instruction publique ne prend-elle point l'enfant à la famille privée pour le donner à la famille publique, à l'Etat? N'a-t-elle point, en émancipant les intelligences, émancipé les cœurs? Et ne rend-elle pas à dix-neuf ans le jeune homme aux siens, en appétit de volonté, pourvu d'un libre arbitre entier, et prêt à raisonner l'obéissance ?

Pour compléter la décadence de la paternité, le sceptre du mari est tombé en quenouille. Cependant que le

1.

maître dormait, la femme qui, du gynécée, est arrivée au salon, en attendant qu'elle parvienne au *forum*, la femme, cette ambitieuse qui ne conquiert pas, qui empiète, la femme a tiré à elle la couverture. La chose de la famille est tombée à la domination de la femme. La raison sociale du ménage moderne n'est elle pas : *Madame et monsieur?* Les gens ne sont-ils pas : *Les gens de madame?* Le dîner : *Le dîner de madame?* La voiture : *La voiture de madame?* Cet empire du détail, cette autorité de préséance, cette gérance d'intérieur ne montrent-ils pas que la femme est dans le chemin d'usurpations plus hautes?

Je viens à une autre raison de la décadence de la famille.

L'hérédité était le principe constitutif de l'ancienne société. Le trône était un legs, l'emploi public un patrimoine, le mode de gouvernement une transmission. De ce pouvoir fait à l'image de la famille, la famille tirait sa force. De ces institutions en accord avec elle, la famille, — qu'elle fût noble ou roturière, aristocratique ou commerçante, qu'elle vînt de Charlemagne ou qu'elle eût derrière elle deux siècles de probité au même comptoir, — la famille tirait cette continuité et cette perpétuité qui est sa splendeur, sa noblesse, sa dignité ; et cette succession de la génération vivante dans la charge de la génération morte, l'engagement des fils dans les honneurs ou les travaux des pères, était le lien poétique et moral de la famille, le lien du souvenir, de l'héritage et de l'exemple.

La famille ancienne se succédait encore dans un autre ordre. Elle se succédait dans le service des mêmes valets, *gens* chrétienne, vieux hôtes de la maison, vieux gardes des pénates, figures accoutumées, ensevelisseurs des pères, berceurs des enfants, amis en livrée. Elle se succédait dans le même château, dans l'ombrage des mêmes bois, dans l'abri sous la même tuile. Elle se succédait dans les mêmes goûts. Elle se succédait dans le même mobilier, dans la vue et l'usage des mêmes meubles, ces témoins de la vie, auxquels il reste toujours comme un parfum de ceux qui ne sont plus, — ces choses dont le temps fait des reliques !

La famille moderne ne se succède en rien. Elle ne se succède pas en elle-même ; une famille nouvelle et indépendante, presque étrangère à la famille-mère, commençant avec le fils, finissant avec le petit-fils, — anneaux brisés d'une chaîne autrefois si serrée ! — La famille ne se succède pas dans la même charge : l'amovibilité est la loi révolutionnaire qui gouverne du fonctionnaire au souverain. — La famille ne se succède pas dans la même carrière : Le fils du militaire est homme de lettres, le fils du marchand est avocat. — La famille ne se succède pas dans la même maison : de notre temps les maisons changent de maîtres presque aussi souvent que les peuples. — La famille ne se succède même pas dans le meuble : c'est pour les fils hôtel garni que l'appartement où ils ont été élevés et embrassés, et ils poussent, encore chaud, le lit de leur mère morte sous le marteau du commissaire-priseur !

Du monde au dix-neuvième siècle.

Il était autrefois un monde, parce que le monde autrefois était un petit monde, une confrérie, une compagnie, une famille.

Il était autrefois un monde, parce que le monde autrefois était une académie, et que l'on n'y entrait qu'après y avoir été reçu.

Il était autrefois un monde, parce que le monde autrefois vous demandait votre nom, votre gloire ou votre esprit.

Il était autrefois un monde, parce que le monde autrefois faisait tous les soirs le journal du jour et parce qu'il ne le lisait pas.

Il était autrefois un monde, parce que le monde autrefois était un plaisir dont les jeunes gens ne se sauvaient pas, une école riante où ils briguaient d'aller.

Il était autrefois un monde, parce que le monde autrefois était l'unique rendez-vous de la vie ; qu'il était le *cercle* de tous les pères, comme il était le *bal public* de tous les fils.

Il était autrefois un monde, parce que le monde autrefois se croyait tenu de savoir lire, de savoir dire et de savoir médire.

Il était autrefois un monde, parce que le monde autrefois était une république de belles façons, qu'il accueillait chacun sur le pied de l'égalité, et qu'il ne faisait pas lever les femmes pour un homme qui entrait, — cet homme fût-il ministre.

Il était autrefois un monde, parce que le monde autrefois était le tribunal des choses françaises, le jury des talents, l'aréopage de la mode, la société en grande toilette, la France en grande représentatation, — le *forum* doré et fermé de Paris et de l'univers.

Il était autrefois un monde, parce que le monde autrefois était la fête des Grâces décentes et de la parole légère, qu'il ignorait la Bourse, la politique et la valse.

Il était un monde autrefois, parce qu'autrefois le monde n'était ni une carrière ni une grande route; qu'il ne menait qu'à plaire, et qu'il ne faisait pas d'hommes d'État.

Il était un monde autrefois, parce qu'autrefois le monde n'était pas cette mêlée de tout le monde et de quelques autres où l'on se coudoie trente ans sans se connaître, où le joueur ne perd par de vue les mains de son partner, et qui coûte à l'amphitryon, — au compte de la police, — tant de petites cuillers d'argent.

Il était un monde autrefois, parce qu'autrefois le monde n'était pas une cohue de trois cents personnes, mais une réunion comme le *Bal paré* de Saint-Aubin, où l'on ne compte que trente-six têtes.

Il était un monde autrefois, parce qu'autrefois le monde n'était pas un brouhaha d'aparté de voisin à voisin, d'oreille à oreille, d'intérêt à intérêt, mais un commerce de causerie, d'un bout du salon à l'autre, de tous avec tous, pour l'agrément de tous.

Il était un monde autrefois, parce qu'autrefois le monde n'était pas une foire où l'on montre un homme célèbre comme un ours ; parce qu'il n'était pas un salon de force où l'on ne vous invite pas, où l'on requiert vos jambes ; parce qu'il n'était pas un défilé d'inconnus à la parade, une buvette gratuite où le passant présente le passant, où la maîtresse de maison ne connaît ni l'amenant ni l'amené, ni le parrain ni le filleul.

Il était un monde autrefois, parce qu'autrefois le monde n'était pas une messe italienne où tous les hommes sont parqués à gauche, où toutes les femmes sont parquées à droite, où les sexes s'enfuient l'un de l'autre après la contredanse ; mais qu'il était une messe française où les habits se mêlaient aux robes et où les danseurs ne se croyaient pas dispensés d'entretenir leur danseuse un quart d'heure pour l'avoir fait suer dix minutes.

De la vieille femme au dix-neuvième siècle.

..... Et pourquoi encore le monde s'en est-il allé ?

C'est parce qu'il n'y a plus de vieilles femmes, ou mieux, parce qu'il n'y a plus la vieille femme.

La vieille femme d'autrefois a été guillotinée, et si bien qu'il ne nous reste plus d'elle que quelques lettres cachées dans des collections d'autographes et les pastels de Latour.

La vieille femme d'autrefois était une femme qui n'était plus jeune, et qui ne s'en prenait ni à Dieu, ni au monde, ni au diable. Elle savait que cela était sa faute et sa très-grande faute, et que tout meurt, même le printemps; elle ne rejetait ses années sur rien, et elle ne faisait porter ses infirmités à personne. Il semblait qu'elle n'eût voulu apprendre du vieil âge que l'indulgence, la patience et la commisération.

En son corps délabré et misérable, rit doucement la gaieté de l'esprit. Sur ses lèvres le passé voltige et refleurit en ressouvenirs enjoués, et un verbe garçonnier et pétulant pare d'un charme perdu la vieille femme du passé. Autour du tonneau de soie où elle vit l'hiver, voyez aussi que de blondes, que de brunes têtes se pressant! Et la vieille femme appareille les jeunesses, réconforte les ennuis, console les chagrins en les badinant, jette à toutes ces oreilles roses penchées tour à tour vers elle mille leçons de la vie, mille conseils de morale sociale, mille enseignements légers et profonds! Ne dirait-on pas une fée bienfaisante mal cachée sous un masque de rides, et dont le jeune sourire et la raison aimable démentent les sourcils blancs? C'est le confessionnal plein d'absolution où les folies et les désirs se confessent. C'est la mère des amours. C'est un pont jeté entre les deux sexes, ou plutôt c'est un sexe neutre: un vieillard avec l'enchantement de la femme!

Quatre-vingt-neuf ans, — de 1700 à 1789, — la vieille femme porte sur sa béquille le monde français. Plus charitable que dévote, elle prie Dieu le matin avec sa pomme de canne pleine de pièces d'argent pour les pauvres, le soir avec sa bouche pleine de douces, charmeuses et prudentes paroles pour les jeunes gens. Quatre-vingt-neuf ans, la vieille femme fait les honneurs de la société française. Elle patrone la beauté, elle règle les politesses, elle ordonne des bienséances,

elle corrige d'un regard les fautes de goût, et d'un mot
les fautes de cœur. C'est la police du beau monde faite
à coups d'épigrammes.

Pendant quatre-vingt-neuf ans, la vieille femme est,
— comment dire? — le chef d'orchestre de la conversa-
tion française. Elle guide, elle modère, elle soutient
l'harmonie du concert. Elle encourage les débutants
qui rougissent sur leur pupitre. Elle donne l'accord à
toute cette armée d'instruments ennemis. Elle apaise
d'un *dolce !* les trilles mutinés ; les flûtes qui se lamentent
trop haut, les basses qui ronflent trop fort, les trom-
pettes qui sonnent trop clair, elle les ramène au ton,
elle les fait rallier le gros du chant. Par elle toutes les
voix se donnent la main ; pas une note en faute, pas
une dissonance ! De l'œil elle dit : *allegro !* puis soudain :
pianissimo ! et légèrement elle fait passer d'un air à un
autre sans déchirer la cadence. A chacun en entrant elle
dit sa partie et donne son cahier ; à propos elle éveille
quelque petit fifre moqueur : et voit-elle deux cœurs
enlacés, vite elle fait signe aux violons de noce. Même
les timballes lui sont soumises ; elle a défendu aux
cuivres d'assourdir. Elle marque la mesure en branlant
la tête ; et elle marie tous les musiciens et toutes les
musiques, les hautbois et les tambourins, les vieux airs
et les chansons neuves dans une symphonie des esprits
et des âmes,—menant presqu'un siècle ce *carnaval de
Venise*, dont chacun emportait chez lui une note
joyeuse.

La vieille femme est quatre-vingt-neuf ans cette
vieille femme dont M. de Lévis parle ainsi en ses *Souve-
nirs :* « Son empire sur la jeunesse des deux sexes était

absolu ; elle contenait l'étourderie des jeunes femmes,
les forçait à une coquetterie générale, obligeait les
jeunes gens à la retenue et aux égards ; enfin elle en-
tretenait le feu sacré de l'urbanité française. »

Aujourd'hui la vieille femme est une femme qui n'a
pas pris son parti de vieillir. Elle nourrit, maussade, le
remords de ne plus être jeune, et elle ne veut pas être
consolée dans cette douleur. Vieillissante, elle ne change
rien aux choses de sa toilette, rien aux choses de son
cœur, et elle se continue en une coquetterie héroïque
à côté de sa fille mariée. La vieille femme aujourd'hui
ne s'accoutume qu'à la longue à voir aimer autour d'elle
sans crier au voleur ! Elle ne songe pas à se sauver dans
cette mondaine retraite de l'esprit et du gouvernement
des manières où se réfugiait la vieille femme du dix-
huitième siècle. Elle ne préside plus au plaisir ; elle ne
protége plus le bonheur. Dans ses mains de vieille
femme, plus ces mains de jeunes hommes et de jeunes
femmes qu'elle unissait ; dans sa voix, plus cette autorité de grâce qui commandait à la causerie ! Elle ne
noue plus rien, et elle occupe le monde comme un ennui
respectable, au lieu de le lier, de l'animer, de le vivifier,
de le charmer comme une Providence sans pruderie !

Des jeunes gens au dix-neuvième siècle.

Être jeune aujourd'hui, écoutez bien tout ce que c'est,
et combien peu c'est.

Être jeune aujourd'hui, c'est :

Avoir des cheveux, des gants verts, un diplôme de bachelier, un tailleur anglais, un fusil de garde national, un bon appétit, une fortune à espérer ;

Compter avec ses dettes, faire des folies comme on fait des affaires, se ruiner comme on bâtit — sur devis ; raisonner une passion, calculer une orgie, enrayer une dépense, prévoir dans l'entraînement, calculer dans l'ivresse ;

Se peigner à deux brosses, sauter une mazurka, disserter sur un menu, critiquer un attelage, estimer des cigares, apprécier du vin, monter à cheval sur la plage de Trouville, manger où l'on mange tout haut pour être entendu, chez Bignon, chez Verdier, et l'été au *Moulin-Rouge*, fréquenter le Cirque, rouer les maquignons, connaître la portière du Vaudeville, savoir le whist, parier en louis ;

Être revenu d'Italie pour crier : *Brava ! la diva !* aux cantatrices, et de Londres pour prononcer *cab*, *derby* et *coachman* devant son palefrenier ;

Laisser traîner son petit nom dans les bals de filles, et sa figure dans tous les lieux connus ; être aux courses, aux mardis de Mabille, aux bals de Mlle B... ; avoir besoin de quatre bras, comme les idoles de l'Inde, pour rendre toutes les poignées de main qu'on vous prête sur les boulevards ; aller partout où l'on est rencontré, — et même là où l'on est rencontré sans être reconnu ;

Rassasier ses passions, comme on rassasie les bêtes du jardin des Plantes, avec de la basse viande ;

Tutoyer la R... ; savoir combien coûtent toutes choses, — même celles qui ne coûtent rien à vendre ; raconter

le pied de Mlle O..., les enfants de Mlle P..., les maris
de Mlle L..., et comment ronfle Mlle G....s ;

Aimer des femmes populaires comme des feux d'artifice ;

Attacher une trompette à ses amours, des grelots à
ses additions ; vivre pour la galerie ; jeter l'argent par
les fenêtres qui donnent sur la rue ;

Se prêter des dettes, des oncles, des femmes du
monde, et jusqu'à des infirmités ;

Aller à tous les diables, — comme une armée marche
à la gloire, — avec toutes sortes de précautions ;

Prévoir l'âge, guetter le mariage ;

Être la vieillesse : muscles neufs, dents neuves, habit neuf — et vieux cœur ;

Compter cent sous dans une pièce de cinq francs, et,
sur l'oreiller de la vingtième année, rêver du balancier
de la monnaie ;

Lire quelquefois, — à la campagne, — quand il pleut
trois jours de suite ;

Faire son esprit avec des bribes de vaudevilles, sa
gaîté avec des verres de cognac, l'amour avec la poche,
et la charité avec un sou ;

Être de l'opinion qui est, de la mode qui sévit, de la
suite de la victoire, et tourner le pouce pour l'athlète
tombé.

Comme ces fruits colorés et vivants qui ne portent en
leur cœur qu'une pincée de cendres, la jeunesse d'aujourd'hui vit sans rien de vivant en elle. Elle n'est ni
la berceuse d'une utopie, ni le porte-clairon d'une idée ;
et les grandes choses humaines passent à côté d'elle
sans faire retourner son esprit. Nulle foi ne la dupe ;

nul flux ne monte jusqu'à elle ; et, repliée sur son âme avare, elle respire, digère et jouit sans rien dépenser de ses feux, de ses élans, de ses poésies. Elle n'est ni religieuse comme sous la Réforme, ni duelliste comme sous Louis XIII, ni militaire comme sous Louis XIV et sous Napoléon, ni sceptique comme sous Voltaire, ni révolutionnaire comme sous la Révolution, ni libérale comme sous la Restauration, ni littéraire comme sous Louis-Philippe. Elle n'a pas même en elle l'étoffe d'une bouderie et d'une émeute espiègle comme fut la Fronde, ou d'une petite guerre à coups de canne comme fut le Directoire. Elle n'est rien et ne confesse rien. Que les idées se battent et se dévorent, la jeunesse regarde tuer et mourir ; et sur le dos de ces lâches qui désertent leurs jeunes ans, Goya eût pu écrire : *Nada !*

Tous ces cerveaux que jadis une grande pensée ou une grande folie de l'humanité remuait et fécondait, ces fougues que rien ne bridait, — volcans muets ! — Dieu a licencié cette armée qui se battait dans les batailles, sur le pré, au théâtre, et qui avançait du doigt l'avenir sur le cadran de l'histoire. Il a dispersé ces cohortes vaillantes, les pupilles de l'opinion publique, les gardes d'honneur des popularités. Il a fait l'isolement et le désarmement. Il a ravalé chacun à la servitude de ses propres intérêts ; et les jeunes hommes, qui avaient jadis vingt ans une moitié de leur vie, sont devenus semblables aux vieillards. Et ce cœur de la jeunesse, l'âme vive de la France, ce cœur fait de tant de cœurs enrôlés, ce cœur qui appartenait au monde, cette machine généreuse enfin que toute cause humaine mouvait, — ce n'est plus que millions de *moi*, sans drapeau, débandés, isolés, personnels, dont chacun se possède tout entier, ne livre rien de lui, et vit chez lui, pour lui et en lui.

Ainsi ces vétérans, en qui le colon a tué le soldat, héros d'hier qui ont enterré leur aigle dans le champ dont ils vivent, qui se bouchent les oreilles aux fanfares des clairons lointains, et s'en vont peureux, par les chemins de traverse, vendre leurs salades à la ville prochaine.

Du mariage au dix-neuvième siècle.

Il a été fait ces temps-ci deux ou trois pièces contre les mariages d'argent, en faveur des amoureux pauvres, mais honnêtes. La cause des garçons honorables à marier sans dot a été plaidée avec la plus entraînante éloquence, et il fallait à une demoiselle sortant d'une de ces pièces une raison bien bourgeoise pour ne pas refuser tout aussitôt tout prétendu convaincu d'un million ou deux.

Pièces morales, si l'on veut, mais d'une morale exaltée plus que sociale ; pièces qui tendent à ridiculiser le bon sens de l'expérience et la crainte des pères de marier leurs filles avec la misère, et de leur laisser faire un roman de la chose la plus grave du monde : le ménage.

Ce n'est point ce procès que je ferai au mariage moderne. Je n'attaquerai point le mariage moderne comme une juxtaposition de deux sacs d'écus. Je montrerai

seulement que le mariage a perdu à la Révolution deux
de ses caractères : la proportion d'âge entre le marié et
la mariée, et ce cachet de fiançailles qu'établissait la
connaissance des familles, et l'habitude des castes de se
marier entre elles.

Aujourd'hui que l'homme naît de soi, que la position
sociale est une acquisition et non un héritage, — l'homme
ne s'établit qu'à l'âge plus ou moins mûr, où il a fait
sa carrière, où il est parvenu, de par lui, à un point sa-
tisfaisant et convenable, dans l'échelle de sa fortune, de
ses fonctions ou de ses travaux. L'on peut dire, en thèse
générale, que le jeune homme est inapte à se marier,
dans la société présente, avant trente-cinq ou quarante
ans. De là deux maux : l'homme reste garçon tout le
temps où la femme lui est indispensable, et il supplée
à la compagne par l'hétaïre, plus scandaleusement
qu'on ne l'a vu en aucun autre temps. D'autre part,
la jeune fille, qui aspire à vivre, trouve dans le lit nup-
tial un homme qui désire se reposer d'avoir vécu.

Je dis encore que le mariage a été fait, par la Révolution, une loterie plus aléatoire par la confusion des
ordres, par la mêlée des fortunes, par le hasard entier
des rencontres dans des salons qui sont des places pu-
bliques.

Après un grand bouleversement, un tremblement de
terre social, quand ce qui reste de monde retombe par
terre, et ne se reconnaît pas une fois remis sur jambes;
— ainsi des naufragés de toutes sortes et de toute condition, jetés sur un rivage dévasté, — il est assez difficile
de se marier à peu près convenablement.

C'est alors, — ainsi que cela se fit après la Terreur, —

que la publicité supplée aux relations, que l'on s'annonce au lieu d'être présenté, et qu'on recourt aux *Petites-Affiches* pour trouver la femme qu'on veut, et les enfants qu'on espère.

Puis la société un peu rassise et calmée, il arrive qu'il y a une sorte de honte de s'afficher à marier, comme un cheval à vendre. Aussitôt viennent des gens habiles, et dignes de leur époque, qui se mettent à tenir boutique d'alliances. Ils débitent les héritières, ils tiennent les orphelines et les veuves, et tout ce qui concerne leur état. — D'autres sont épiciers, bijoutiers, restaurateurs : ils sont marieurs. Au reste, gens du monde : leur boutique est un appartement « où l'on ne se rencontre pas, » leur discrétion, « une tombe, » leur correspondance « un mystère. » — Bref, ils sont les pourvoyeurs patentés de l'amour ordonnancé par le contrat, légalisé par l'écharpe, sanctifié par la messe.

Une chose n'est qu'à la condition d'avoir sa raison d'être. M. de Foy n'est pas un hasard. Il n'est pas une industrie excentrique. Il est un symptôme, une institution rationnelle en rapport avec les besoins du siècle.

La société nivelée, les liens sociaux rompus, les mariages en un milieu de monde connu et comme natal étant devenus impossibles, il est permis de prévoir le jour où l'on mettra l'amour en courtage, et le bonheur en assurance ; — laquelle invention sera certes un beau progrès.

Des demoiselles à marier au dix-neuvième siècle.

En ce siècle, la jeune fille à marier aspire, non d'après
ce qu'elle vaut, mais d'après ce qu'elle veut. Elle règle
son ambition, non selon sa position, mais selon son
désir. Depuis que tout s'est mis à arriver en France, —
la jeune fille à marier se prépare par l'espoir aux fortunes inespérées ; elle les attend de si bonne foi, que
vient le jour où elle y compte ; et de son rêve elle fait
un droit. Et si plus tard, après avoir couru toutes les
eaux de France et toutes les eaux d'Europe, elle n'est
pas guérie — d'être fille, montrant le poing au ciel, elle
appellera sa déception une injustice.

Si peu haut que sonne sa naissance, sa parenté, son
avoir, sa beauté, la jeune fille se croit bonne à tout mariage ; point de pauvreté qui la dispense de prendre des
leçons d'aquarelle d'Hubert, de chant de Ponchard, de
littérature d'un Mennechet, et de piano d'un pianiste
connu, couru, allemand, et trompetté entre les plus
trompettés.

Toutes, — entendez-vous bien, toutes — les jeunes
filles sont ainsi artistiquement éduquées. Ne doit-elle
avoir que vingt mille francs en mariage, la jeune fille
sait toutes ces choses, — les a apprises, si mieux vous
aimez. C'est une encyclopédie de talents, cette jeune fille
presque sans dot, tout comme la riche héritière, tout
comme une dotée de trois cent mille francs. Elevée
comme elle, souvent par les mêmes maîtres, elle a les

mêmes toilettes et les mêmes maisons, les mêmes goûts
et les mêmes espérances. A mesure qu'elle grandit, sa
famille imprudente la berce dans ses erreurs, lui montrant à l'horizon une vie qui n'est point faite pour elle ;
elle la jette dans un monde où il ne lui est donné que
de passer ; elle forme, en son orgueil imbécile, toute
cette jeunesse pour un train brillant d'existence que le
mariage fera brusquement cesser.

Ces choses, —il est vrai de le dire,—ne sont pas d'hier.
Elles viennent de plus loin que la Révolution. Sous
Louis XV, les filles de la finance ont commencé ce mou-
vement ; et Mme de Pompadour est, de ces ambitions et
de ces éducations, un grand et célèbre exemple.

Mais alors cet enseignement des arts gracieux, charmants, dispendieux et preneurs de temps, ne sortait pas
des grandes dots.

Aujourd'hui cette éducation ambitieuse a pénétré
partout. Toute la bourgeoisie féminine, la plus mince
même, semble élevée pour la Cour ; — et la vierge qui
n'apporte que son trousseau en dot entre dans le mé-
·nage, comme au sortir d'un conservatoire de famille,
toute pourvue de quantité de talents d'agrément. Du
haut de ses imaginations, elle tombe en un pauvre et
maigre logis, en mille réalités besoigneuses. Toutes ses
poésies se heurtent au lendemain des noces, au haut-
de-chausses qu'il faut ravauder ; et elle maigrit, dans
la haine de ce mari coupable d'être pauvre comme elle,
— mangée de regrets et d'envie.

Mais un grand mal, un bien plus grand mal est venu
de cette trop belle éducation de la femme. — Laissons
les habitudes de dépense, de luxe, et de loisir, données

à la femme par les leçons de sa jeunesse, et contre lesquelles l'homme a perpétuellement à batailler au nom de la raison du mariage ; — la femme a cru tirer de ses dons cultivés, et de ses grâces mises en vue par l'étude, une supériorité sur le mari. Ce n'a plus été une ménagère et une compagne que le mari a eue à son foyer : il a trouvé chez lui une sorte d'artiste, un semblant d'actrice, une chanteuse, un peintre, — non plus un dévouement, mais un talent, talent petit, talent de rien, mais talent applaudi par les amis et le monde, — une petite gloire enfin que le mari subit d'autant mieux qu'il en est un peu flatté. — Pauvre mari ! — Et s'il n'a pas devers lui un diplôme bien reconnu de grande capacité ou de fermeté calme, s'il n'est pas très-célèbre — ou un peu brutal, — voyez la lutte incessante et formidable entre cette faiblesse, — c'est la femme que je veux dire, — et cette force : le mari !

Que si, par hasard, la femme n'est victorieuse aux premières batailles, aussitôt quelle mélancolique figure elle prend, et quel triste roman elle joue ! — Elle monte sur ses talents pour pleurer. Elle est une artiste victime. — Oui, cette éducation de virtuose est la source de ces *méconnues* et de ces *incomprises*, filles du dix-neuvième siècle, qui font à l'heure qu'il est, au coin des cheminées de Paris, vis-à-vis à leurs bourreaux d'époux, dans des poses désespérées. De là, tous ces soupirs et ces grands chagrins imaginaires sur lesquels les femmes vivent aujourd'hui, comme les vieux soldats sur le récit de leurs campagnes. De là ces milliers d'épouses qui ont pris, mais en toute conscience, les allures résignées et opprimées d'esprits immatériels tenus

en bouteille par de farouches démons, ou de colombes
encagées par des sauvages.

Des gens riches au dix-neuvième siècle.

Le droit d'aînesse ne passe pas généralement pour un
droit naturel. Mais ce droit anti-naturel était assurément
une prévoyance sociale. Il était la garde et le maintien
des grandes fortunes.

Le droit d'aînesse à bas, toute fortune, à chaque mu-
tation, se dédoublant, se détriplant, tout fleuve d'opu-
lence se perdant, à chaque génération, en ruisselets
épars, — est-il encore des familles riches ?

Non.

L'argent à 4 1/2, les impositions prenant le cinquième
du revenu, les dépenses de la vie triplées depuis un
demi-siècle, est-il encore des gens riches ?

Non.

La propriété éparpillée en millions de mains, à peine
çà et là quelques beaux groupes d'arpents, rares îlots
sauvés pour quelques années de la bande noire de la
terre, la France morcelée si bien qu'à la parcourir de
l'œil, il semble que l'on voie le premier travail d'un ca-
dastre socialiste — est-il encore de grands propriétaires,
des propriétaires de lieues de pays, des châtelains de
châteaux à chasse, à meute, à théâtre, à table de soixante
couverts, à écuries de cent chevaux ?

Non.

On dit pourtant qu'il y a en ce temps-ci une vingtaine d'hommes qui ont à peu près le même nombre de millions que les riches du temps passé.

On dit qu'il y a des banquiers à qui leur argent rapporte plus de 4 1/2 et qui gagnent, en une maison carrée qu'on appelle la Bourse, beaucoup, mais beaucoup d'argent.

On le dit. — Pour moi, je n'en crois rien.

Les ci-devant riches enrichissaient une contrée ; ils payaient une route, ils dotaient d'une église, ils aumônaient d'un hôpital. Comme Beaujon, ils laissaient tomber de leur bourse un quartier de Paris ; et ils auraient rebâti Paris, comme la fille grecque Athènes, à la condition d'être nommés sur un coin de pierre de taille.

Nos riches d'aujourd'hui bâtissent, mais ce sont belles forges, fonderies, grandes raffineries, grandes fabriques, — ce qui prouve bien qu'ils ont encore à faire fortune.

Jettent-ils, ces riches honteux, des poignées d'or sur le sol ingrat ? Entretiennent-ils dans les champs des palais comme Versailles ? Font-ils encore semer le sucre râpé dans leurs allées pour promener l'été leur maîtresse en traîneau ? Ou seulement poudrent-ils leurs poulets amoureux avec un diamant pilé — ainsi que fit un de leurs aïeux ?

Non.

Ils ont des hôtels dont Bouret ferait des communs ; des architectes anonymes, des attelages possibles, des voitures raisonnables, les caprices qu'on peut avoir, des intendants dont ils refont les additions, des valets qui ont quelque chose à faire, des tableaux qu'on leur choisit et qu'ils marchandent eux-mêmes, des Danaés bien contentes d'une pluie d'argent, des parasites qu'ils n'engraissent mêmepas !

Pauvres hommes, riches de hasard, bombardés millionnaires, inhabitués à l'argent ; où est l'insolence de leur dépense ? où est le scandale de leurs écus ?

Aux ébahissements du peuple, l'or coule-t-il de leurs mains ouvertes pour l'assouvissement de fantaisies énormes ? Sont-ils ces fous magnifiques qui passent, laissant après eux un sillage d'enrichis, éclaboussant le bon sens, la misère et l'arithmétique ?

Non.

Font-ils se disputer des Lesueur et des Lebrun pour la décoration des lambris nus de leurs hôtels ? Font-ils dégrossir les blocs de pierre par la main d'un Clodion pour meubler leurs salles de bain ?

Quel Samuel Bernard d'aujourd'hui a son portrait gravé par un Drevet ? — Quels livres et quelles estampes les saluent d'une dédicace ? Sont-ils les souscripteurs des grands ouvrages ? Recommencent-ils les éditions des fermiers généraux ? Pensionnent-ils l'intelligence ? Font-ils entre eux, ces riches modernes, la subvention des arts et des lettres ?

M. de Luynes à part, — non.

Des lettres et des arts au dix-neuvième siècle.

Une société d'arts et de lettres a sombré. Une société de guerre est venue après elle. Puis à la société mili-

3

taire a succédé une société industrielle et commerçante.

Athènes a été Sparte; elle a été Rome ; elle s'essaye à
devenir Carthage.

Or, quoiqu'en ces années la France ait semé sur le
monde des poignées de chefs-d'œuvre, et qu'elle ait fait
donner, comme pour une lutte suprême, des génies
comme le monde en compte peu ; quoique de magnifiques livres, de belles toiles, de beaux marbres aient
jailli du front de ses enfants, — les lettres et les arts
sont condamnés à mort à l'heure qu'il est ; et leurs vic-
toires contemporaines sont un adieu,—la vive lueur d'un
soleil qui se couche.

L'industrie tuera l'art. — L'industrie et l'art sont
deux ennemis que rien ne réconciliera, quoi qu'on fasse,
quoi qu'on dise. L'industrie et l'art partent de points
différents ; ils aboutissent à des buts divers.

L'industrie part de l'utile ; elle va au profitable pour
le plus grand nombre; elle est le pain du peuple.

L'art part de l'inutile ; il va à l'agréable pour quel-
ques-uns. Il est la parure égoïste des aristocraties.

Quand la subvention de l'art passe des bourses par-
ticulières à la bourse de l'État, l'art est près de n'être
plus. Les démocraties sont trop occupées de bonnes
œuvres pour payer l'art ce qu'il veut être payé ; et il est
besoin de millionnaires prodigues pour nourrir cet af-
famé qui distrait.

Les sociétés modernes marchant d'un pas continu à
la satisfaction des besoins et des appétits de la plupart,
— le parti de l'art ne sera, dans un temps donné,
qu'une minorité séditieuse, et l'art lui-même deviendra

une activité parasite et suspecte dans les activités sociales.

— « Vous calomniez le peuple ! — me crie l'un ; —
l'avénement du peuple sera l'avénement de l'art ! Le
peuple ! mais voyez-le au spectacle ! voyez-le au musée !
Il saisit tout ! il comprend la nuance ! il acclame le su-
blime ! Il est le grand public ! le vrai public ! le public
dont auteurs, acteurs, peintres, sculpteurs doivent
prendre les conseils, les ordres, les leçons ! »

Quoi ! nous, pauvres gens d'étude, qui passons nos
années lisant, regardant, compulsant, comparant, ana-
lysant ; qui mettons tout notre temps, toute notre pensée à apprécier et à sentir ; qui brûlons nos jours et nos
nuits à dépister le beau ; — le premier venu, un homme
tout de peine et de matière, nous passe du premier coup
en ces choses ? Il saute couramment, l'heureux homme,
à ces beautés que nous avons mis si longtemps à apprendre ! Il lit à première vue ce que nous avons épelé !
Il a le goût de naissance ! Il a la critique infuse ! —
Supposez, cher monsieur, de bonnes gens nés et vivant
dans une chambre noire ; tout à coup s'ouvre une
trappe ; c'est le jour qu'ils n'ont jamais vu, — et tout
aussitôt les voilà à expliquer le ciel !

Passons.

L'art n'est de rien au peuple. Livrez le beau au suf-
frage universel, que devient le beau ? Le peuple ne
monte à l'art que lorsque l'art descend jusqu'au peuple.
Ne voyez-vous pas, depuis quelque temps, où quelques-
uns veulent mener l'art, et jusqu'où ils l'abaissent pour
le faire populaire ? — Et ce réalisme, qui ne se borne
pas à être un coin dans l'œuvre et une face dans le ta-

lent,— comme le *Pouilleux* chez Murillo, comme *Falstaff* chez Shakespeare, — le réalisme tout vert, tout cru, tout brut, n'est-ce point l'art qui s'abdique par égard pour le gros instinct du peuple?

Je sais bien que d'autres encore rêvent l'alliance de l'industrie et de l'art; c'est une des plus belles utopies que je connaisse, et c'est tout ce que j'en pense, n'ayant pas l'habitude de prendre des moulins à vent pour autre chose que pour — des moulins à vent.

De la pudeur sociale au dix-neuvième siècle.

Les signes sont visibles.

Ils sont là et là, — partout.

Faut-il vous dire ces livres tolérés par le sentiment public, lus, relus, feuilletés et refeuilletés par vos femmes, et que la police est obligée de venir fermer?

Faut-il vous dire ces filles encore rouges des baisers de la rue, encore gaufrées du dur cilice de Saint-Lazare, vendant au public la mesure de leur pudeur, le portrait de leurs amants, et l'histoire de leur lit?

Faut-il vous dire encore ces mariages sans nom qui semblent se faire à la mode? Ces femmes que des hommes épousent après tant d'autres hommes, devant les hommes, devant Dieu, devant eux-mêmes?

Et que si, du scandale de mœurs, la pensée se détourne, si la vue monte plus haut, c'est un scandale

plus impudique et plus cynique : le scandale des con-
sciences.

Triste siècle ! où Dieu semble essayer les couronnes
aux monarques pour fatiguer les apostasies des courtisans ! Siècle dont les révolutions continuelles promènent
de soleil levant en soleil levant l'avilissement des âmes !
Temps de mauvais conseil et d'immoral exemple, où
Talleyrand pourrait s'excuser en disant au tribunal de
l'histoire : Il y a quelqu'un qui a encore plus trahi que
moi : — la Providence !

Du catholicisme au dix-neuvième siècle.

D'aucuns disent :

La religion catholique, qui n'est que foi, n'a plus la
France. Les nations vieilles jurent sur l'Évangile de la
vieillesse, qui est l'expérience ; et ce besoin de croire
qui tourmente les nations jeunes ne sollicite guère le
temps présent. L'homme du dix-neuvième siècle vient
à la vie pensante douteur et sceptique ; et il porte en
lui le germe immortel de l'esprit d'analyse que Voltaire
sema sur le monde, jeta de sa lèvre mince *urbi et orbi*.
La foi, ce dévouement de la pensée à un mystère, ce
renoncement au *criterium* humain, ce don de son être
entier et involontaire comme dans l'amour,—la foi n'est
plus.

D'aucuns disent :

Au lendemain des catastrophes et des bouleversements, il est des retours imposés aux nations vers les choses divines. Il se fait après les ruines des appels désespérés au frein des croyances, et c'est alors que les peuples invoquent pour leur sauvegarde la religion, cette discipline des penchants et des actes contraires au code organique de la société. Mais ceci n'est point la foi. C'est l'agenouillement de l'Égypte après les plaies de Moïse. C'est la part de Dieu que le rentier se résout à faire pour sauver le grand-livre. Ce n'est pas la restauration de la catholicité, c'est un service de gendarmerie qu'on demande à la religion ; c'est une comédie de piété qu'on joue pour la cantonnade, pour les domestiques, les paysans et les prolétaires.

D'aucuns disent :

L'intolérance, fille de la foi, est morte avec la foi. Or, qu'est-ce que le catholicisme sans l'intolérance? La guerre active et incessante contre ceux qui ne croient pas, et ceux qui ne croient pas comme lui, la conquête des âmes avec l'épée ou avec la parole, la mission, la croisade, l'impatience de l'hérésie, n'est-ce point le caractère propre du catholicisme? Que devient cette religion, ambitieuse du globe, avec ces doctrines de tolérance qui chaque jour grandissent et se répandent, avec ces nations de tous cultes, dont les chemins de fer font communier les intérêts?

D'aucuns disent :

Une religion vit et florit là où tout le miraculeux est en elle, quand il n'y a pas de science, ou par elle, quand il y a une science, comme chez les mages et les prêtres égyptiens. Or la religion catholique a laissé la science être laïque ; elle a chassé les Galilées vers les Académies; et les découvertes scientifiques, — gloire de ce siècle, — ont détourné les esprits des croyances natives, qui sont en l'homme, pour les jeter aux croyances acquises par la recherche et vérifiées par l'épreuve.

D'aucuns disent :

La religion catholique, qui était le cadre de la vieille société française, est-elle demeurée la religion convenante et appropriée à la société nouvelle, née le jour où la Bastille mourut? Cette religion était la religion d'une société hiérarchique et aristocratiquement agricole. Est-elle, dans les vues providentielles, la religion d'une nation égalitaire qui se fait toute industrielle et commerçante? L'exemple des États-Unis et de l'Angleterre ne donne pas à le supposer.

Pour moi, je me demande si cette religion des monarchies demeurera la religion des bourgeoisies. Dieu me garde de jeter une pierre à la bourgeoisie, à ce tout qui est maintenant la nation française, à ce grand parti de citoyens, où nobles et peuple se sont perdus comme en un océan : mais le doute est permis.

L'avénement de la bourgeoisie a été dans l'ordre philosophique l'avénement de la raison, comme dans l'ordre politique il a été le triomphe d'un chacun par le droit de l'intelligence. — C'est encore la victoire du positif, du pratique, sur le théorique et l'imaginatif.

La bourgeoisie affirme ce qu'elle touche; elle croit ce qu'elle voit; elle admet le probable; elle tente le possible; elle se dévoue à ce qui est; le fait est son Dieu. La bourgeoisie se méfie de la poésie, comme un caissier de banque de l'amour. La bourgeoisie demande aux additions leurs preuves, à la gloire sa cote, aux croyances

leur pourquoi, aux utopies des chiffres, aux gouverne-
ments leur budget. Jamais le cœur ne lui monte à la
tête. Elle vérifie tout ce qu'elle pense, et elle se fait
elle-même son *Credo*.

Quand la bourgeoisie règne en un pays, c'est absolument comme si une génération d'hommes bien por-
tants de quarante ans tenaient ce pays; hommes en
l'âge de la santé de l'esprit, revenus de la passion et
conquis au pyrrhonisme du bon sens.

Outre cet instinct rationnel et cette tendance à n'accep-
ter que les choses d'ordre purement humain, — il est
encore un côté de la bourgeoisie qui l'éloigne de la religion catholique.

La bourgeoisie, qui ne place guère au ciel, place tout
dans cette vie. Elle se cherche et elle se trouve en la
vallée de larmes une abbaye de Thélème dont elle bouche les fenêtres pour ne point voir au delà. Elle s'attache
aux jouissances d'ici-bas, et elle réagit contre les théo-
ries de l'*Imitation*, qui faisaient de ce bas monde une
hôtellerie de misère et une tente d'un jour qu'on ne devait point orner. — Du haut en bas de la société, la
bourgeoisie prêchant d'exemple, le *comfort*, emprunté à
notre voisine industrielle et commerciale, est devenu
besoin : toute femme a voulu avoir chapeau, tout homme
a voulu avoir habit, tout bouilli a voulu être filet, tout
noyer a voulu être palissandre. Depuis soixante ans, le
bien-être matériel est l'appétit et la soif de la France :
l'égalité devant le bien boire, le bien manger, le bien cou-
cher, le bien vivre, est la grande question nationale. Le
« bien-être » est le cri de guerre de toutes les révolutions.
Le « bien-être » est le programme de tous les pouvoirs.

Le catholicisme, qui apprenait la résignation aux déshérités du monde, qui désarmait la révolte en promettant des compensations d’outre-tombe, qu’a-t-il à dire dans ces aspirations effrénées aux biens palpables? Que peut-il promettre aux générations de notre temps, dégoûtées d’attendre, lasses d’espérer, et qui vendraient leur part de paradis pour une aile de la poule au pot? Le catholicisme qui a fait, naissant, ses premiers prosélytes et ses recrues les plus ardentes parmi les esclaves et les femmes, partout où il y avait souffrance, besoin du ciel, élan hors de la prison du monde, ne doit-il pas marcher tous les jours plus seul, dans une société matériellement heureuse ou toute préoccupée de le devenir?

En ces questions sociales, les riens disent beaucoup. — Même cette *furia* gothique, ce retour de 1830 aux débris dédaignés du moyen âge, cette occupation, ce travail, cet empressement de l’histoire, de la science, de la peinture, de la sculpture, autour de cet art confesseur de la croix, cette intronisation du mobilier des siècles croyants dans le caprice général de la nation, cette disposition des esprits qui faisait remonter la pensée du possesseur d’un *custode* au destinataire céleste, cette conversion du public par les belles choses de la catholicité, — même ce puissant auxiliaire mis au service de l’Église par la France romantique, fait défaut à la catholicité. Le goût public a tout à coup sauté à la Renaissance, et de la Renaissance au dix-huitième siècle. Les esprits, comme les yeux, ont été regagnés à ce renouvellement du paganisme. Goujon a repris la faveur que perdaient les tailleurs d’images. Watteau est monté

aux enchères de tout ce que haïssaient les Primitifs; et
l'entour sensuel et délicat du siècle de Watteau a été
rappelé d'exil et accueilli comme on accueille partout
une nouvelle mode — bien vieille.

Ce qui prouverait au reste que la religion catholique
est malade, — c'est que des gens d'infiniment d'esprit,
des apôtres très-malins se sont mis à la défendre contre
le mal des temps. — Cela même, ô catholiques! cela
même, une presse catholique, n'est-ce pas la mort de la
catholicité? N'est-ce pas insulter Dieu que de faire un
journal en sa faveur? N'est-ce pas méconnaître l'Évangile que de le traîner dans l'arène des polémiques?
N'est-ce pas ravaler la Foi que de la défendre comme un
gouvernement, comme un ministère, comme une subvention? N'est-ce pas descendre ce royaume, qui est au-
dessus de tous les royaumes, parce qu'il n'est pas de ce
monde, n'est-ce pas le descendre sur la terre et le livrer
aux destinées misérables des partis humains? N'est-ce
pas manquer à la religion que d'en faire un Premier-
Paris, un thème journalier; en sorte que la religion,
commise en d'indignes disputes et en des paris de scandale, n'est plus qu'une cause fameuse donnée en
spectacle, gagnée un jour, perdue l'autre, selon que
ses avocats ont bien ou mal plaidé? Et n'est-ce pas dé-
considérer l'Église que de prendre la croix du Golgotha
pour être l'enseigne d'un bureau d'abonnement, les
colères du pamphlet pour prêcher la charité, et la
langue de Vadé pour répondre à Voltaire?

**Où l'auteur avoue résolument au nom de quel
siècle et de quelle société, il jette la pierre à
la société et au siècle présents.**

Siècle dix-huitième! siècle où la France posséda l'Europe, non à la façon de Rome par le drapeau qui flotte
et le centurion qui commande; mais à la manière qui
convient à ma patrie : par les idées, par le langage, par
les gloires, par les grands hommes, par les tragédies,
par les tableaux, par les statues, et jusque par les
modes, populaires par l'Europe le lendemain comme la
veille de Rosbach;

Siècle des censeurs sans ciseaux, des religions sans
dragons, des discussions sans fagots;

Siècle où les batailles eurent des violons, les bastilles
des maisons de Beaumarchais dans leurs fossés;

Siècle où derrière Moreau, il y a Chardin; derrière
les mules, les mouches et les talons rouges, de sévères
images de la vie de famille, une morale de foyer, grave
et recueillie, un chez soi d'aisance bourgeoise et d'hon-
nêteté laborieuse;

Siècle de justice qui ne compte qu'une commission
extraordinaire;

Siècle du noble courage où les disgrâces eurent des
courtisans, où des magistrats antiques s'assirent calmes
sur leurs chaises curules dans la cour de tous les par-
lements de France;

Siècle qui para de mensonges charmants les vilain
instincts de l'homme ;

Siècle qui restera dans l'histoire comme l'exemple de
l'humanité la plus bellement apprivoisée ;

Siècle qui entoura sa vie privée du gracieux, de l'élé-
gant, du beau, semblable à ces vieillards qui aiment les
fleurs autour de leur vieillesse ;

Siècle plein de la femme et de sa caressante domination sur les mœurs ;

Siècle tout humain qui parlera au cœur des hommes
des autres siècles comme l'Alcibiade de Plutarque !

Paris. — Typ. de Mme Ve Dondey-Dupré, rue Saint-Louis, 46.